BOURGES

LETTRE FAMILIÈRE

A mon Oncle
DURLIN

VICHY
IMPRIMERIE WALLON
—
1868

BOURGES

LETTRE FAMILIÈRE

À mon Oncle

DURLIN

VICHY
IMPRIMERIE WALLON
1868

BOURGES

LETTRE FAMILIÈRE A MON ONCLE DURLIN

> Admonere voluimus, non mordere;
> prodesse non lædere; consulere mor-
> bis hominum, non officere.
> (ERASME).

Tu m'as souvent parlé de ton nouveau Paris
Dont tu sembles avoir l'âme et le cœur épris ;
Permets donc aujourd'hui que, copiant ton rôle,
Je vienne te décrire une ville assez drôle
Que tu ne connais pas plus que les bords du Styx,
Mais qui, dans sa légende, a Vercingétorix
Cœsar et Jacques-Cœur — et l'humble pastourelle
Qu'Orléans appelait Jehanne la Pucelle.

Car c'est d'ici, mon cher, que partit cette enfant
Pour faire couronner à Reims, en triomphant
Ce pauvre Sire, alors nommé par moquerie
Le Roi de Bourges; roi qui dans sa pénurie

Quand il avait besoin de boire ou ripailler,
Sût chercher si souvent à se ravitailler,
En la bourse toujours replète et bien garnie,
Où Jacques-Cœur serrait, pour une œuvre bénie,
L'or et l'argent gagné dans ses rudes labeurs.
Car cette bourse fût, au sein de nos malheurs,
Celle où puisa sans cesse et sans fin la Patrie,
Par tant de coups du sort et tant d'Anglais meurtrie !
Si bien que tout crédit ne semblant plus éteint
On vit naître l'espoir en un meilleur destin,
Et rejetant l'Anglais au-delà des frontières,
Nous ramenions la gloire au vent de nos bannières.

Un banquier, de nos jours, en un rôle pareil,
Apparaîtrait petit sous le seul appareil
D'un paletot bourgeois ; il faudrait à cette heure,
Idéaliser l'homme et jusqu'à sa demeure :
Une statue en bronze et l'auréole au front
Ne semblerait pas trop pour un vengeur d'affront.
Mais Jacques Cœur est vieux ; qui pense à lui radote.
Quand l'âme et le labeur de ce grand patriote
Auraient servi jadis à nous restituer
Notre état de Français ! — Mais il s'est fait tuer,
Ses biens ont été pris et sa maison vendue !
Que voulez-vous de plus ? Cette fin était due
A l'héroïque athlète: aussi bien nous passons
Devant son vieux palais sans voir les écussons.

Plus tard (en cherchant bien) dans quelque recoin sombre
De la maison où rôde encore sa grande ombre

Nous logerons peut-être un petit médaillon.
Ce sera peu coûteux et le travail peu long ;
Le tout ira d'ailleurs avec l'idée exquise
De dédorer sa gloire, alors qu'elle est acquise
Par un titre n'ayant qu'au plus quatre cents ans.

Oui, vous n'avez pas tort, bons bourgeois de céans,
Laissez là Jacques-Cœur et sa petite gloire
Qui n'a que deux ou trois feuillets en notre histoire.
Mais vous n'alliez pas, certe, oublier sa maison,
Ni que vos devanciers, pauvres gens sans raison,
L'avaient, dans un moment d'orgueil insoutenable,
Rachetée en triomphe avec deniers sur table,
Et vous vous êtes dit tous, maire et conseillers :
« Ne dormons pas ainsi sur nos vieux oreillers ;
« Puisque l'heure est propice et l'occasion bonne
« D'amortir un passif qui presse et nous talonne
« Revendons la bicoque et touchons en le prix.
« Ce fait choquera, mais s'en ira des esprits ;
« Et si nous n'avons plus cette demeure illustre,
« Nous aurons du moins l'or, et l'or a bien son lustre.

C'est ainsi qu'ont agi beaucoup de braves gens
Pensant par ce moyen se croire intelligents.
Mais Némésis accourt, la tardive déesse,
Qui les fustigera de sa main vengeresse ;
Car ce prix de maison ils l'ont déjà rongé,
Sans que de leur passif le chiffre soit changé ;

Et près du nouveau toit qu'ils hantent, — où tout cloche,
Le vieux palais vendu n'est qu'un vivant reproche.

Je n'irai pas plus loin : Je reviens sur mes pas.
Si je continuais, tu ne me croirais pas.

La ville, — dont je veux te faire une peinture
Qui t'attache et te plaise et ne soit pas trop dure,
Est assise au couchant d'un coteau du Berry
D'une façon charmante et qui — de loin — sourit.
Près de sa tête elle a sa haute cathédrale
Dont la pose est ainsi tout à fait magistrale ;
Le corps semble brisé sur les angles du roc,
Et chaque rue a l'air de l'anse en S d'un broc ;
Mais les pieds et les mains de cette bonne ville
Barbottent mollement dans l'eau claire et tranquille
De l'Yèvre et de l'Auron, ces fleuves de Bébé
Qui n'iraient qu'aux talons du vieux Meschacébé.

Je crois que maintenant tu possèdes l'image
De la ville où bientôt tu dois faire un voyage.
C'est la description, — mais faite à vol d'oiseaux,
Car, pour la bien connaître, il faut d'autres pinceaux
Où vraiment tu n'aurais qu'une pâle peinture
De tout ce qui s'y passe et ce qui s'y triture
Et tu ne saurais pas, toi sceptique et rieur
De la vieille cité le mal intérieur.

Franchissons donc les murs ; remarquons à l'entrée
Qu'elle a, comme cité très-bien administrée,
Un octroi qui vous tend la main d'un air très laid,
Et semble dire ainsi : Charité, s'il vous plaît.
S'il vous plaît est bien dit : mais cela peut il-plaire
De rançonner les gens au coin de la barrière ?
Les gens — je me trompais — ne comptent encor point
Ce sont tous les produits qui soldent un appoint.
Rien n'échappe : le miel, les œufs, le vin, le sucre,
La viande, les poissons et *cœtera*. — Le lucre
A tarifé le tout d'une telle façon
Que, vrai, j'aimerais mieux, moi, si j'étais garçon
Prendre femme en campagne et m'éloigner des villes
Plutôt que de jeter une obole aux sébiles
Offertes sans vergogne avec un œil jaloux
Par ces gens que le peuple a nommés gabelous.

Laissons cela, passons ; occupons-nous du reste.
Pour aller jusqu'au bout il nous faut être preste.

Là, tu ne verras pas de boulevard Haussmann,
Ni de grands magasins avec un spoken-man.
Mais des petits trottoirs tournant comme des vrilles
Près de vieilles maisons que deux ou trois béquilles
Soulageraient beaucoup en leur âge avancé.
Certains autres quartiers ont l'air d'un trépassé.
Les murs s'alignent nus sur une rue où l'herbe
Ne veut pas que le pied laisse le sol imberbe.

On ne voit en ces lieux que de tristes passants
Dont l'esprit et le corps sont détachés des sens
Ou du moins semblent l'être — et n'avoir d'autre étude
Que celle qui conduit à la béatitude.
Par là, vous rencontrez, sous toutes les couleurs,
Montrant l'échantillon de quelques-uns des leurs,
Des congrégations les grandes fourmilières.
Voilà les franciscains, sanglés de cordelières,
Les sœurs de charité, celles du petit pot
Changeant l'ex-dime annale en quotidien impôt ;
Les sœurs de Saint-Joseph et les sœurs Ursulines,
La sœur blanche et la bleue — et les Visitandines, —
Celles du Sacré-Cœur et de l'Enfant-Jésus.
J'en passe — et des meilleurs — pour éviter l'abus
Que fit le vieil Homère avec tant de liesse,
En dénombrant sans fin les vaisseaux de la Grèce.

Là, si je m'arrêtais et n'ajoutais plus rien,
On ne me dirait pas : tu n'es qu'un voltairien ;
Soit, mais puis-je passer cependant sous silence,
Ces grands chefs qui, sans bruit, mènent avec vaillance
Aux combats de la vie, — aux luttes du destin, —
A la pêche de l'âme — et sans doute au butin
Que laisse à conquérir l'opulent héritage
Prêt à changer de main sur le déclin de l'âge, —
Tous ces membres épars des milices du ciel ?

Ne mettons dans les mots rien d'artificiel
Et disons tout crûment d'une voix assez haute
Pour qu'elle soit comprise, — et qu'on sache sans faute

—La pente où nous glissons indolents, hébétés,
Comme si d'opium on nous eut allaités :
— Le péril où conduit notre condescendance
A souffrir parmi nous la si triste ingérence
De ces sociétés, folles d'un célibat
Qui les trempe de fer pour nous livrer combat.
Ce péril est immense, et bien fou qui l'esquive
Dans l'espoir de gagner plus aisément la rive.

Voyez-vous pas, bourgeois, que vous ne vivez plus ?
Qu'en vous embéguinant du bonheur des élus
On vous atrophira dans un milieu malade
Où le cœur ne prend plus qu'un aliment trop fade ?
Que la virilité s'éteint ; qu'on vous dit : meurs !
Dans la dévote langue où jasent vos charmeurs ?

Secouez donc le joug, ayez l'âme plus fière
Et bientôt vous aurez une cité prospère...
Une fois délivrés de ces langes béats
Vous vous raconterez en riant aux éclats,
Les prouesses de gens qui sont célibataires
Et se font appeler par contraste : *Les Pères* ;
Vous rirez des valets si dodus et si gras,
Aux trois mentons toujours tenus frais et bien ras,
Dont se sont affublés nos Révérends Jésuites.

Vous vous demandez-vous, — les races maudites:
— A quoi peut donc servir à ces saints un valet ?
Passez sur ce sujet, — l'éponge, s'il vous plaît,

Mais Jésus qu'ils ont dit se donner pour exemple
N'avait pas de laquais quand il chassa du temple,
Les marchands sans respect qui souillaient les saints lieux
Faudrait-il aux nouveaux comme aux tartuffes vieux
Quelqu'un à qui phraser d'une voix pateline :
« Laurent, serrez ma haire avec ma discipline » ?

Oh non ! la discipline et la haire ont passé
De mode et de saison ; reliques du passé,
Elles n'ont plus que l'air de ces armes vieillies
Que l'antiquaire accroche aux clous des panoplies.

Au fond, ne gît pas là tout notre mal présent
Voyez les dix-huit *sphinx* (*), muets, nous enlaçant
Comme ces moucherons surpris par l'araignée
Qui meurent épuisés sous sa lente saignée. —
Voyez les emmêler leur vie à notre sort —
Et comme en un plomb vil ils ont changé notre or !
On ne sait pas assez combien ces sphinx célèbres,
A l'allure voilée et pleine de ténèbres
Ont semé parmi nous de malaise moral,
Abêti de cerveaux, avili sous le mal
Et sous la mouchardise, en dogme convertie,
De ces cœurs toujours prêts à jouer la partie
Dont les enjeux seront : la vertu, l'intérêt ;
Mais la vertu vaincue — et tenue en arrêt
Devant les appétits et devant l'exigence
De l'intérêt qui dit : Chut ! à la conscience.

(*) Il y a dix-huit jésuites à Bourges.

Ne saurons-nous jamais, esprits lassés de tout,
Saisir, quoiqu'invisible et présente partout,
Cette main pateline, onctueuse et traîtresse
Qui, dans ses doigts crispés, avec passion presse
Ce poignard dont le manche est à Rome — et le fer
Partout où l'homme libre à ses coups s'est offert.
Si nous ne brisons pas cette main lâche et vile
N'attendons plus jamais de liberté virile.

Ne traitez pas ceci d'exagération,
Car vous verrez comment leur domination
Est un cercle qui va s'élargissant sans cesse
Et de près — et de loin — nous atteint et nous presse.

Il leur fallait surtout des places, de l'argent :
Ils se sont fait passer pour un ordre indigent
En allant quémander chez les douairières
Dont la bourse est ouverte à tous ces très-chers Pères
Prôneurs du temps passé, des vieux droits abolis,
Restaurateurs manqués du régime des lys.
Puis, comme la richesse était dans leur idée, —
Ils ont voulu l'avoir, — et l'ayant possédée, —
Pour l'accroître sans fin ils se sont ingéniés
A trouver le moyen d'augmenter leurs deniers.
Qu'ont-ils fait ? — se créant fabricants et comptables
On les a vus d'abord, sans être patentables,
Commercer sans façon sur tous les ornements
Du prêtre, de l'autel, et sur les sacrements ;
— Centraliser chez eux les fonds de toutes sortes
Recueillis en tendant la main au seuil des portes ;

— Fonds de la Sainte Enfance ou des petits Chinois
Dont nous n'avons jamais vu le moindre minois,
Fonds venant de la vente aux missels, aux médailles,
— Objets de piété — faite aux saintes ouailles ;
Les fonds de loterie — émise à tout propos —
Soit pour nous rendre l'âme absoute et en repos ;
Soit pour la retirer, œuvre lacrymatoire,
Ou du feu de l'Enfer — ou bien du Purgatoire.

Mais le dénombrement tiendrait bien dix feuillets.

Avec ces fonds on peut se donner des valets
Et perdre un million sur les valeurs d'Espagne,
Un autre million en valeurs de Romagne.
Le vieux caissier qui touche intérêts et coupons
Ne pourrait soutenir qu'ici nous nous trompons.
En niant, ce matois au nom évangélique,
Comme son devancier craindrait une réplique
Et qu'on lui dise aussi : Vaurien confit de foi,
Nieras-tu quand le coq aura chanté trois fois ?

Enfin, Pères, pardon, si nous cassons les vitres
Et vous montrons poussant aux places les bélîtres.

Etre riche est un point : cela ne suffit pas.
Pour dominer le monde il faut d'autres appâts ;

Pour dominer de haut, sans merci ni sans trêve
Il faut avoir encore autre chose qu'un rêve ;
Il faut un aliment pour ces esprits pourris
Qui s'inclinent vers vous plus bas que le mépris.

Il faut accaparer, mettre en sa fourrière
Le *Pouvoir*, ce ressort du grand fonctionnaire.

Ils étaient bien trop fins, ces bons religieux,
Pour ne pas deviner qu'un fait litigieux
Ne l'est plus quand on a le pouvoir dans sa manche
Et quand, dans un naufrage, on a pour soi la planche.

Ils ont donc faufilé comme aides et commis,
Dans tous les grands bureaux une foule d'amis,
Les tenant dévoués et des profits avides
Par un avancement rendu des plus rapides.

On sait bien ce que c'est que la direction
D'une grande ou petite administration ;
Un ou deux employés triturent les affaires
Et sont affiliés à nos jésuitières ;
Puis quand l'heure est venue ils font signer enfin
Le chef qui par l'Etat est mis à cette fin.
Ce chef, sur tant d'écrits pose sa signature,
Qu'il n'a jamais le temps d'en faire la lecture.
On devine le reste .. et quel usage est fait
De ce pouvoir en blanc qu'un jésuite fieffé

Sait saisir à son gré sans qu'on s'en aperçoive.
Et voilà qu'on voudrait qu'à cette coupe on boive !
Ou que, pris dans les lacs de la tentation,
On subisse l'effet de leur pollution !
Arrière ! tentateurs, d'une secte ennemie
Allez porter plus loin vos places d'infamie !

Ah ! nous avions rêvé pour la vieille cité
Un rang plus glorieux, empreint d'une fierté
Qui, pour être vraiment légitime et sincère
N'avait qu'à secouer cette ignoble poussière
Attachée aux hauts faits de ses vaillants aïeux ;
Que les faisant briller de nouveau sous nos yeux
Et reprenant enfin la vie ardente et libre
On sentit que son cœur aux vieux souvenirs vibre
Et se soulève encore sous l'infâme éteignoir
Dont tu veux l'écraser, secte du Gésù noir !

Mais reprends ton courage et reprends ta vaillance
O ma vieille cîté ! romps encore une lance
Contre cet ennemi ténébreux et cafard
Qui pèse sur ta vie ainsi qu'un cauchemar !
Et bientôt de ton centre aujourd'hui terne et vide.
Rayonnera l'aurore éclatante et splendide,
Et tes fils, rajeunis comme Jacques-Cœur,
Epris d'enthousiasme, en un immense cœur,

S'écrîront : Sois bénie entre toutes les heures,
Heure de délivrance, ô toi, de nos demeures,
Qui vis fuir à jamais l'opaque obscurité,
Dont nous enveloppait, dans son insanité,
Cette gent rétrograde, en nos murs attardée
Qui, pour tuer la vie, asphyxiait l'Idée.

Joseph DURLIN.

Décembre 1866.

Vichy. — Imprimerie Wallon. 11-68.

www.ingramcontent.com/pod-product-compliance
Lightning Source LLC
Chambersburg PA
CBHW061619040426
42450CB00010B/2561